El ruido de tu ausencia

Paulina Obeso

El ruido de tu ausencia

Paulina Obeso

Mola
PUBLISHING
INTERNACIONAL

ISBN: 978-1-63765-177-3

Hola Publishing Internacional
www.holapublishing.com

Impreso y encuadernado en los Estados Unidos de América

Este primer libro va dedicado al cielo, pues allá se encuentra mi más grande estrella. Lo prometido es deuda, abuelo.

También va dedicado a las personas que, desde el principio hasta el final de este proceso, estuvieron de pie a mi lado. Gracias por su apoyo incondicional, su compañía hizo el recorrido ligero.

—P.

"Gracias a ti hoy vivo de esto, aunque lo niego, te colaste en cada texto".
La última canción, Charles Ans.

Índice

Introducción

El ruido de tu ausencia se basa en una historia de amor contada a base de poemas, pensamientos, frases y cartas. Este libro es una crónica de la adolescencia que relata la historia de una joven que a una corta edad tuvo la dicha de conocer eso que todos llamamos: "el primer amor". *El ruido de tu ausencia* nos cuenta cómo era el mundo para la joven antes de conocer a ese gran amor y, conforme pasa el tiempo, nos platica poco a poco cómo su vida cambió, cómo descubrió sentimientos nuevos, cómo se siente un corazón roto y cómo es la vida después del amor. Esta es una bella historia juvenil con la cual muchos adolescentes podrán sentirse identificados.

Antes de su llegada

(primer capítulo)

¿Cuántas noches sin pasión,
cuántos besos sin sentido?
¿Cuántos amoríos he vivido?
Y vaya
que
yo
aún siento frío.

Escribiéndole al amor

Es un hecho.
Aunque aún no lo compruebo.
Es muy raro porque yo sólo bebo
en tu ausencia que no deja ningún rastro.
Porque yo a cada paso voy firme,
buscando algún rasgo.
Me emociono de pensarlo:
que
tal vez tú me has de estar
esperando.
Yo sólo espero tu llegada,
porque me comen las ansias por
conocer tu mirada.
Muchos dicen que no existes,
otros dicen que sólo dueles
y pocos comprueban que de verdad vienes.
Yo soy un intermedio
que no tiene remedio,
ya que
cuando posiblemente estás por tocar,
salgo huyendo.
Pero aquí estaré, esperando por el
toquido correcto.

Estamos,
luego nos marchamos.

Nos aferramos,
nosotros mismos nos condenamos.

¿Dónde estamos y hacia dónde vamos?
¿Lo has pensado?
No existe, sólo lo idealizamos.

Hemos cambiado. Somos humanos,
está en nuestra naturaleza haber
evolucionado.

Desconozco hacia dónde me guían
mis pies. No desconfío de ellos;
dudo que quieran ser atravesados
por el tren.

Mira la hora. Por pensar en el ayer,
el mañana te ha pasado entre
los pies.
Ahora, ¿dónde estás?

Esta noche entre trago y trago he vagado
por mi cabeza.
Le di una vuelta a mi pasado y he
recalcado todos aquellos
amores fallidos que no llegaron a más.
Si les soy sincera, no ha habido amor
que me llene,
ninguno pasó de 3 meses y con
sentimientos escasos.
¿Cómo sabré cuándo llegue amar a alguien
si no sé lo que es amar?

Juguemos a vivir mientras el amor llega
y la muerte espera.

Hoy quiero escribir, escribir
y escribir,
hasta que pueda vivir, vivir
y vivir,
porque de alguna forma la
muerte vendrá a mí.

Hoy me presento como todos los días,
como un ser humano que no sabe la
hora de su partida.
Sentada al borde de mi cama
pienso en cómo el futuro se me va
de las manos, pero, ¿cuál? Si es algo
que no tengo.
Déjalo ser, déjalo ser,
que sólo te quiere asustar.
Dice que tú no sabes lo que te espera
y que te desespera, te demora, imaginar
cómo te sorprenderá,
que te aterra la idea de ver cómo poco a
poco a tu pasado entierra.
Déjalo, déjalo ser, déjalo.

No comas ansias,
no vayas a cortar tu yugular, mocharte un dedo
o tirarte de un barranco. No comas ansias,
mejor ve y siéntate en un banco con una
cerveza a tu costado. Deja que pasen 7 minutos
y el alcohol recorra tu cuerpo, llegando a tus órganos
internos, subiendo a tu cerebro y relajando todo

el esqueleto. No comas ansias, haz lo que te digo,
después volverás conmigo pidiendo que haga
algo contigo.

Vamos, vamos, vamos.
Levántate,
mira hacia arriba,
abre los ojos, agradece por tu vida que
son contados los días.
Vamos, vayamos al mar y cantémosle
a la vida una hermosa melodía.

El mundo

Muchos dicen que pasó solo,
otros dicen que fue a su modo,
sin embargo,
¿cuál será la realidad ante todo?

Es tan confuso que ahora el
mundo idolatra hasta a un lobo.

Cada quien crea su teoría,
otros
simplemente viven la vida.

En cada mente hay una ideología,
la mía solamente la practico de
día,
ya que de noche no duermo si
le doy giros a la silla.

Esto siempre quedará como
un misterio,
que será la duda que llevaremos
hasta el cementerio,
yo, sin embargo,
no cuestiono y me quedo con mi
criterio.

El diablo tocó a mi puerta.

La cabeza me da vueltas,
ya no sabe rendir cuentas.

Es un viejo amigo,
él mismo me enseñó lo que
es el castigo.

Aliados quedamos,
pero desde hace tiempo que
él me soltó de la mano.

Él no llora,
pero grita.
Cada que te mira,
te mata la sonrisa.

Vivimos en el infierno,
pues él me ayudó a crearlo.
Dice que el cielo ha muerto,
que toda buena alma ha sido
evaporada.

Es un viejo amigo,
pero él me traicionó.
Se enamoró de un Ángel
y a mí, a un lado, me abandonó.

Caras tristes

Demasiadas caras tristes,
que pesan, que lloran;
demasiados rostros tristes,
flácidos, perdidos.

Mirando a todos lados sin
ningún punto fijo.
¿Pesando? ¿Será?
Quién sabe, tal vez y estén
volando.

Dicen estar llorando sin
derramar lágrimas.
Dicen estar gritando sin
haber emitido sonido alguno.

Dicen que les duele,
que los mata.

Sus rostros tristes, casi,
casi reflejan el vacío de su alma.
¿Qué les habrá pasado por encima
y, vaciar lo que les daba la vida?

Respiran y, muchas veces, suspiran.
No saben qué esperar de la vida,
pero están ahí, escribiendo poesía.

No encuentran una salida a su
triste vida vacía.

Miran a un ave y envidian sus alas,
renegando llenos de rabia,
¿por qué Dios los castiga?
Se enfadan, se hartan de seguir
en vida, sin vida.

Ellos sólo caminan y miran,
no saben hacer más, más que
caminar y observar.
Despechados están porque saben que no cambiaran.

Esta mañana al haber despertado, lo primero que hice fue servir mi café, como de costumbre.
Charlé con mamá y le platiqué cómo estuvo mi noche.
Ella me pregunta que por qué he estado tan triste.
Yo no sé qué responderle, realmente llevo toda una vida sintiéndome así, y ella a penas lo nota.
¿Cómo no pudiste notarlo antes, mamá?

Estoy evitando el rose.
El rose de la nostalgia y mi mente.

Estoy perdida en la bebida,
rezándole un ave maría a todo
aquello que ha quedado sin vida.

Voy por el limbo,
voy por tu mirada y por todo lo que
sin hablar dijo,
voy por el destino y su pequeño hijo
que nunca quiso.

Un día un viejo sabio dijo: "Busca algún vicio
que te haga sentir con vida. Si llega la muerte,
me la saludas y que Dios la bendiga".

Hoy toco a mis vicios para ver cuál de todos
me trae primero a la muerte.

Es mi tarea hacerle llegar el mensaje y besar
a mi amor hasta que desaparezca de mi mente.

¿Rezar o morir?
Fue lo que me dijo aquella noche
en la que comencé a rezar.

La hora gris

No es un final ni ningún
comienzo.
Es algo así
como un intermedio.

Es el momento en que la madrugada
se lleva la oscuridad y trae la luz
consigo misma.

A esa hora muchas almas mueren,
otras resucitan,
tratando de volver a la vida,
y otras,
a la rutina.

No comprenderías ese
estilo de vida,
estarías muerto, pero con
el corazón latiendo.

Le llaman la hora gris
porque no hay palabra
que la describa con exactitud,
que trate de explicar el
misterio de su oscuridad o luz.

La hora gris.
Es el momento en que deseo
morir.

Me gusta la similitud que
tenemos,
que en algún momento
llegamos a ser un
misterio.
Y es ahí donde te das cuenta,
quien se atreve a resolverlo.
La hora gris,
el momento en que todo
sale al descubierto.

Algunas veces escribo para desahogarme.
Otras veces lo hago para llenarme
cuando me encuentro vacía.

En ocasiones me siento cómo un mar
muerto. Y a pesar de que camino
mirando hacia el cielo,
voy pensando en que no debo
despegar mis pies del suelo.

Me mataría a mí misma si intento
tocar el cielo. Aunque siempre esté
pensando en la muerte, me dedico
a vivir el día a día de mi vida.

Quizá y esté enamorada de la muerte.
Ambas nos esperamos.

Yo siempre le escribo,
porque, curiosamente,
siempre he sido atraída por todo
aquello sin vida.

Escribiéndole a la muerte

Tú,
desde que yo llegué aquí al mundo
no me has dejado de perseguir.

Aunque siempre buscas una manera
de llegar a mí,
yo
huyo de ti.
Corro,
me tropiezo,
sangro,
me desangro,
a veces me arrastro,
pero escapo de ti.

A poco he estado casi de tu lado,
pero, ¿sabes algo?
No eres la única que pelea por mí.

Hay alguien más,
alguien que quiere que me quede,
que dice que aún no es tiempo,
que el entierro va lento y yo voy
tan deprisa.
Tal vez no hoy
ni mañana;
algún día será.
Trabas,

obstáculos,
¿qué más?
No te la pongo tan fácil, ¿verdad?

Yo sé que en cualquier momento llegarás,
querida amiga, pero, mientras, yo vivo
la vida. Ya que contigo será una
eternidad y tal vez no me dejes descansar.
Si no es mucho,
te pido que me des una cama cómoda,
un poco de cerveza, mi soledad,
y que nunca, jamás, te vuelvas a acercar.

Porque desde que nací,
la vida y la muerte han peleado por mí.

Siempre hablamos tan seguros del futuro
que a veces se nos olvida que lo único
que tenemos es el presente.

A veces cuestiono si mi realidad es realmente mi realidad. Cada quien tiene su realidad y todos vivimos una realidad diferente. Entonces, ¿realmente existe una realidad exacta o será que la realidad de cada quien es la única para cada uno? Pero, ¿y cuándo dos personas se unen, también unen sus realidades? ¿O ambos crean una misma realidad?

Entonces, ¿cómo saber cuál es la realidad entre tantas realidades?

Almas rotas

Las almas rotas andan por ahí,
vagando por la vida,
sin lugar fijo,
sin cuerpo propio.

Las ves andando, dando pasos
por la vida, caminando.
Dicen que todo las atraviesa,
pero
que ya nada les causa tristeza.

La mirada es en lo que su cuerpo
más les pesa.
El alma vuela, pero a ninguna
altura se eleva.

Están tan rotas, que la vida no
les inspira alegría.
Dan todo por acabado, ya que
sus almas rotas no logran
arreglar el dolor causado.

Están llenas de tristeza, pero
vacías de motivación por la vida.
Hubo cargamento de más;
tantas cosas los hicieron explotar,
causando que a sus almas rotas
ni el alcohol,

ni drogas,
ni el tabaco,
las logre arreglar.
Están decepcionados de la vida,
lloran,
lloran
y
lloran,
que ni el mismo amor logra sus
almas curar.

Muchas veces observo a las
personas y me da curiosidad
saber de sus vidas.
Saber sus pensamientos,
saber sus dolores,
saber sus despechos y
saber el "porqué" de
sus actitudes.

Saber qué los ha llevado a ser
como son.

Todos llevan una historia
detrás,

es como una sombra que
siempre va tras nosotros.

Hay muchos que aún viven
en la historia y que no están
dispuestos a crear nuevas.

¿Qué los hace quedarse ahí?

Ellos mismos no se permiten
vivir la vida.
Estamos de luto con tantos
recuerdos.

Vamos de la mano del pasado,
estamos atorados.

Cuenta tu historia a los cuatro
vientos, déjala volar y que

en el recorrido se desvanezca
para que descanse en paz.

Que la historia te regrese la vida.
Tírala,
písala,
vívela,
Compártela.
Pero no dejes que te acaben
tus heridas.

Pobres, creen que el pasado es vida
aún sin saber que el presente es futuro.

He de hablar de amor
el día en que lo sienta.

Cuando llegó

(segundo capítulo)

Estos últimos días, al salir de mi salón de clases, me he estado
encontrando con alguien por los pasillos mientras camino.
Siento una sensación extraña cuando cruzamos miradas,
y por lo mismo, he decidido evitar el contacto visual, pero,
hasta parece que cuando más me niego algo, más lo deseo.
Me siento extraña.
Entre más penetra su mirada en mí, menos logro sacarlo
de mi mente.
Su mirada es de esas que no se encuentran todos
los días. Y me parece raro porque vamos en la misma
escuela y yo
nunca supe de su existencia. Hasta hace unos días.

Es tan poco normal que me pase esto;
pasa como un año bisiesto,
una vez cada cierto tiempo.

Siento como si me enterraran
algo en mi pecho
cada vez que te encuentro y veo
que en tu mirada llevas a otro ser
dentro.

No tienes una idea de lo que pienso,
ya que por aquí me han pasado
ilesos demasiados momentos que,
en su momento, fueron los más bellos.
Lamento llevarte en mi mente.
Lamento que quiera hablarte cada vez
que pasas de frente.

Mi mente aún se revuelve porque no
sabe qué hacer,
ya que esta situación no es tan fácil
de ver.

Iba caminando
por la banqueta.

De repente volteo y estás
tú ahí.

Acelero el paso,
muy deprisa,
tratando de avanzar rápido
para que no me mires.

Demasiado tarde.
Ya tenía con verte 5 segundos
para pensarte unas semanas
más.

Entre tantas miradas nos hemos comunicado,
pero no fueron suficientes. Porque hoy he tenido la
dicha
de conocer tu voz.
¿Me creerían si les digo que su voz no deja
de repetirse en mi mente?
Nunca imaginé que se acercaría a mí y que
fuera él quien dijera el primer "hola".
Hemos platicado por un rato y entre nosotros dos
la plática ha fluido bien. Parece como si nos
conociéramos desde hace tiempo.
Es un poco extraño, nunca una primera plática
mía, con alguien, había salido tan bien.

Es extraño el cómo me hace sentir.

Cuéntate

Háblate de mí,
cuéntate de mí,
y explica
todo lo que pasa por tu
cabeza cada vez que mis ojos te miran.

Cuéntate todo aquello que no me
has dicho,
guarda cada secreto
y cada suspiro.

Después ven a mí
y dime todo aquello
que yo jamás he dicho.

Serán nuestros secretos,
sólo no se los cuentes
al tiempo.

Porque es tan hijo de perra,
que es capaz de separar
a nuestros
cuerpos.

Sus ojos.
Podría quedarme a vivir en esa
mirada lo que me queda de vida.

He encontrado en tus ojos todo
aquello que alguna vez he
buscado.

Han cambiado tantas cosas en mí
desde aquella vez en que tus
ojos me miraron.

Han hecho magia en mí,
no puedo dejar de pensarlos
y desear que ellos
me busquen
en el momento en que yo
deseo encontrarlos.

¿Dónde estuviste antes?
¿Por qué no te había visto?

Ahora todo es tan diferente,
porque siento que necesito tenerte.

Quiero que sepas
que,
cuando estás cerca, mi mundo se va
en reversa.

Y es que es tanta tu belleza
que realmente me vuela la
cabeza.

Te has vuelto tan especial
que el miedo a mi alrededor
no deja de pasar.

No sé qué vaya a ser de ti,
de mí,
pero ven aquí,
sé que tú y yo tenemos
una historia por escribir.

A mi corazón cuéntale
tus penas;
a mis ojos muéstrale todo aquello
que envenena;
a mis labios enséñales
tu mejor propuesta.

Y a mi mente…
a mi mente demuéstrale
todo aquello que vale la pena.

Después de unos tragos veremos
si nuestras almas bailan
y si mis pies bailan con tus pies…

Yo te mostraré mi
mejor amanecer.

No sé cómo explicar todo lo que me hace sentir.
Y, a decir verdad, a todo lo que he vivido, nunca
alguien me había hecho sentir tantas emociones
Cada que me mira a los ojos puedo sentir cómo
un cosquilleo recorre todo mi cuerpo; me hace
sentir como el mar: en calma.
He encontrado tanta paz a su lado que no quiero
que se marche nunca.

Cada vez me hace descubrir sentimientos nuevos
en mí.
Como cuando beso sus labios. Nunca unos labios
me habían hecho volver por otro beso.
Y yo por sus labios esperaría toda otra vida por
volver a besarlos.

Entre risa y risa,
entre cuento y cuento, me hace querer saber más
de su vida. Estoy tan interesada en su persona
que lo estudio día a día.
Es una persona tan misteriosa y para mi suerte, o
la suya, me encantan los misterios.

Para mí no es un reto el querer estar a tu lado,
para mí es un placer acompañarte en esta vida
de tu mano.

Ha pasado cierto tiempo y vaya que día a día mis
sentimientos
crecen cada vez más por ti, ¿qué me has hecho?

Ahora me conozco más en ti que en mí.
En ti me he conocido de una manera que realmente
me sorprende. Pero no lo he hecho yo, fuiste tú
quien descubrió lo que hay en mí.
Fue tu mirada la que me desnudó,
y fueron tus besos los que me atraparon.

Siempre que estamos juntos y hablamos sobre la vida,
me doy cuenta que quiero tener mil charlas más
como estas, contigo.
Me encanta tu torpeza y, a la vez, lo inteligente
que eres.

P.D. Disfruto tanto de tu compañía.

Abre tu corazón y olvida todo el daño que le han hecho; sé que tienes miedo, que previenes otra desgracia, que te duele confiar y que, a causa de tanta desconfianza, detestas al ser humano.

Entiendo cuando callas cada "te quiero", entiendo cada palabra jamás mencionada.

Somos dos almas que viven con el miedo de volver a ser traicionadas. Pero, mi amor, no podemos ir por la vida cargados de miedo.

Por eso créeme cuando te digo que te quiero. Yo le soy fiel a tus besos, a cada mirada, a cada abrazo y a cada carcajada. Por eso créeme cuando te digo que jamás te fallaría. Sé lo que es ser traicionado, y por eso mismo no te lastimaría.

Por eso créeme cuando te hablo con el corazón, porque ese cabrón jamás mentiría.

Amor

¿Qué me puedes hablar de él?
Siendo lo más bonito,
muchas personas hablan de él
de una manera desagradable.

El amor lo he encontrado en
la sonrisa de mi madre,
en los ojos de mi querido
padre.

El amor está en esas personas
de mi alrededor;
en un abrazo de mi mejor amigo,
en una charla con el abuelo y
con mi tío.

El amor está en los momentos
compartidos con mis seres
queridos.
Está en ese amor que nos trae
bondad,
tranquilidad
y
felicidad.

El amor está en todas partes,
sólo hay que dejarlo llegar.

Eres

He olvidado las palabras.
Este amor que cada día crece
más me mantiene anestesiada.

Podría volar y volar
mientras me pierdo en tu
mirada,

mientras te beso y hago un
recorrido por todo tu cuerpo.
Me doy cuenta que en
verdad
no somos ningún cuento.

Voy pensando mientras tomo
tu mano;
estoy soñando y entre
tus brazos
vagando.

Eres como mi hogar,
pues,
en ti,
paz he encontrado.

Eres todo aquello que he
deseado,

eres quien me ha matado y, a la
vez,
quien me ha resucitado con su amor.

Eres todo aquello que nadie más
es para mí.

Eres luz en mis días oscuros,
eres la paz en un mundo tan loco.

Eres una razón más para vivir.

Eres ese "lo mejor está por llegar"
que alguien alguna vez me dijo.

He aprendido tanto en ti,
como en mí.

Me has dado mil razones
para sonreír,
y aunque a veces las cosas
se tornen gris,
te sigo eligiendo a ti

porque eres
lo que nadie más es para mí.

Me dicen tonta por creer
en el amor,
por creer en ti,
en mí,
en nosotros.

Me dicen tonta por
entregarte todo,
por darte mi tiempo
y cada uno de mis besos.

Me dicen tonta por vivir
este amor que es nuestro,
que nos da vida
y que no nos hace caer
en la monotonía.

Tontos ellos que no
disfrutan del amor,
que no se dejan amar
y se niegan amar a otro
ser humano.

Tontos ellos que no viven
del mejor regalo que la vida
nos ha otorgado.

Si por amor soy una tonta,
venga,
que seré la persona más
estúpida del Universo.

A pesar de que vivo de la nostalgia, vivo
mi día a día.
¿Qué me llevaré cuando me vaya? Si llegue aquí sin nada.
Me llevaré la dicha de haber estado viva en vida. Muchos
se han ido sin saber sobre la vida, y no es que yo sepa
mucho,
pero cada que toco sus labios creo saberlo todo.
Siento cómo todo reluce ante mí cada vez que le tomo de
la mano.
¡Y no me suelta! Que no me suelte…
¿Qué me llevaré cuando me vaya? Me llevaré el alma en
paz,
contenta, llena de dicha y de felicidad por haber
conocido el amor
en todas sus maneras. Un alma dichosa.
Me llevaré todo eso que el dinero no compra, amor,
amor y amor…

Y te das cuenta que la vida no es tan mala
cuando a todas partes
te acompaña la persona que amas.

A veces cuesta asimilar

el hecho de que algún día te irás.
Y por eso, por eso mismo, no
me aferro.
¿Para qué?

Si yo lo que quiero es quererte
con toda la libertad del mundo.

Si algo amo de mí es mi
Libertad,
y por eso mismo tu
libertad jamás te la voy
a quitar,
ni la mía. Nunca la voy
a soltar.

Querámonos libres,
como los seres despreciables
que somos.

Siempre que no estás,
lo más cercano que tengo de ti son
nuestros recuerdos.

Detesto el momento en que me dices
que tienes que marcharte,
el momento en que me dices que
tienes cosas por hacer,
que tienes que salir de viaje e incluso
que tienes tareas con las
cual debes de cumplir.

Detesto cada segundo en el que
estoy lejos de ti.

Sé que la distancia de nuestros cuerpos
no significa nada
porque nos llevamos dentro.
Y también sé que me amas tanto
como lo hago yo.

Y eso es más que necesario para
soportar una larga espera sin ti.
Porque a fin de cuentas sé que
estaré entre tus brazos.

Tú no ahuyentas mi silencio.
El silencio contigo es cómodo.

Desconozco el hecho de por qué
tu compañía me hace sentir
mejor que mi soledad.

Estar contigo es mejor que
mi zona de confort.

De hecho,
desde que llegaste todo
ha sido mejor,

incluso la espera;
la espera de volver a verte
y de estar entre tus brazos.

Discúlpeme si lo ofendo con esta confesión,
pero me he enamorado perdidamente
de usted.

Sí, mi amor. Tengo mil defectos y unas cuantas virtudes.
Soy en ocasiones muy inestable e insegura de mis
decisiones; llevo kilómetros recorridos y sueños que
aún no he cumplido.
Discúlpame si en algún momento sientes que me dejas
un vacío, y es que no eres tú, ese vacío ha estado siempre
ahí.

Siempre, al despertar, me pongo a pensar en ti y me pregunto:
¿por qué quieres a alguien como yo? A alguien tan incompleta
y marcada por la vida misma, a alguien tan alegre e invadida
de tristeza, a alguien que no le importa la vida, que espera
la muerte y que sueña con su llegada.

Agradezco con todo mi ser, conocerte. Eres una razón para
permanecer en este mundo.
Y aunque a veces desee tocar el cielo, beso tus labios
y así olvido por un momento todo el dolor que llevo dentro.

Perdóname por mi tristeza, pero es la misma que causa
felicidad en este cuerpo que estuvo acostumbrado mucho
tiempo a la soledad.

Y si me preguntan de amor,
yo les hablo de ti,
de tus ojos,
de tus manías,
de tus labios,
de tu risa,
de todo lo que trata
sobre ti,
hasta del peor gesto.

Y si me preguntan de amor,
yo les hablo de todo
lo que causas en mí.
De lo que nunca sentí,
pero de lo que contigo descubrí.

Y si me preguntaran de amor,
yo les hablaré de nosotros,
de cómo estando tristes
pasamos a ser felices
con un simple beso.

He tenido la sensación de haber tocado el cielo
sin haber muerto.
Lo sentí al besarte en cada instante, y lo describo
de esa manera
porque no encuentro mejores palabras para
hacerlo.

Ahora, mi cielo poco a poco pierde color.
Voy caminando y poco a poco tu mano se
desvanece de mi lado; trato de tomarla y tú,
con más razón, pareces alejarla.

Entre tú y yo, ¿qué está pasando?

Bien se dice que lo bueno dura poco y que lo malo
parece tan eterno...

Cuando se marchó

(tercer capítulo)

Dicen que al buen entendedor,
pocas palabras.

Y entre tantas palabras
nunca entendí si de
verdad me amabas.

Y fue entonces cuando
note que un "adiós"
fue suficiente para que
tú a mí ya no regresaras.

¿Cómo abandonar el único lugar donde quiero estar?

¿Cómo dejar de pensar en los únicos ojos con los cual me quiero encontrar?

¿Cómo marcharme?
Si hace tiempo que tú ya no estás.

Corazón agradecido

Tu traición lo arruinó,
tus mentiras,
tu dolor.

¿Qué le has hecho a mi pobre
corazón?
Ya no quiere palpitar;
se siente acabado de tanto
luchar,
sin valoración alguna.
Así es como lo has hecho
sentir.

Se siente triste de haber
palpitado por ti.
Llora,
llora, llora y
llora.

Te llevaba dentro;
ahora no comprende cómo
es posible que lo hayas apuñalado.
Quedó más dañado.
Dice que extrañará tu mirar,
tu canto.

Dice quedar destrozado.

Será triste que vivas aquí,
en cada texto,
verso y en cada uno de
mis poemas.
Ahora,
cada que los lea, recordaré
tus puñaladas disfrazadas
de besos llenos de amor
y mentiras de un "te quiero".

El corazón estará feliz,
pues
sabe que ya no latirá por ti.

Te agradece por darle de qué
escribir.
Dice que si no lo hubieras roto,
ahorita estaría hablando de amor,
feliz.

Despedida inesperada

Recuerdo aquel último beso.
No querías,
no me tocabas,
no te me acercabas,
hasta que no me importó
y…
Yo quería,
yo te toqué,
yo me acerqué
y te besé.

Mientras nuestros labios chocaban,
yo podía sentir la duda en tu beso.
Un beso lleno de ganas y, a la vez,
prohibido para ti.
Te privabas de mis besos porque querías;
mis labios, te pertenecían.
Lo triste es que los tuyos yo los
compartía, y no porque quería,
sino porque no lo sabía.

Mis labios siempre tan sedientos
de los tuyos, que ahora que no
estás,
están rotos y sin ganas de besar
a otros.

Tus actitudes tan frías y distantes,
las que me tenían a mí pensándote,
analizándote.
¿Por qué eras así conmigo?
Si yo sólo quería tomar tu mano
y soltar un suspiro.

Yo me acercaba,
tú te alejabas.
Yo te besaba,
tú te quitabas.
Yo te quería
y tú me engañabas.

Decías que me adorabas mientras
en otra mirada tú te quedabas.

Estabas a medias, y yo,
yo te quería completo.
Pero tú,
tú no eras mío,
tu mente indagaba por
otro camino, diferente
al mío. El tuyo tenía
destino, mientras que el mío
seguía tu figura, mas no
tu mirar.

Yo sí me la creía,
eso de que tú me querías
en tu vida.
¡Salud por todas
tus mentiras!

Llegué a pensar que te quedarías,
que a mi lado tú estarías.
Qué tonterías. Me disculpo conmigo
misma por permitirte lo que nunca
en la vida dije que permitiría.

Te desearía lo mejor,
pero
a tu vida ya no volvería.

Sé que lejos estamos mejor,
pues el tiempo no está a nuestro
favor. Dice que en un futuro nos
juntará.

Después de todo yo comprendí
tu actitud.

Mientras yo no te dejaba de
adorar,
tú, tus besos a otra se los ibas
a dar.

Pero yo sé
que tú a mí no me dejas
de pensar.

La cita del café

A las 8 p.m. tengo una cita
contigo.
Desde las 7:40 p.m.
he estado preparando todo
para estar puntual contigo
a las 8.

Llené la cafetera con agua y
la puse a hervir.
Saque el café,
el azúcar
y nuestra taza favorita.

Ya despejé la silla
para ir a sentarme en tu
compañía.

El agua terminó de hervir,
el café lo prepararé:
2 cucharadas de azúcar y
3 de café.
Lo estoy terminando de
preparar,
pues a las 8 yo contigo me
voy a encontrar.
Faltan 10 minutos
para yo poderte mirar;

el tiempo corre y
yo no te veo llegar.

Me iré a sentar.
Dejaré un poco el café
enfriar,
y así haré tiempo para que
se den las 8 y poderte tocar.

La hora llegó
y el café lo comienzo a probar.

Aquí estoy siempre tan puntual,
pues
ya son las 8 y en mi café tú estás,
en cada sorbo,
en su reflejo está el tuyo.
Aquí estoy sentada,
tomando el café,
pensando en tu mirada.

Tu ausencia vino a hacer
acto de presencia por ti.

Llegó puntual;
dice que debo dejar el café,
que mis 6 tazas diarias no te van
a devolver, y que eso sólo me va
a matar.

Bueno,
te veo en mi funeral.

Qué nostálgica me ponen mis palabras.

Aún sigo tratando de aprender cómo
recordar sin querer volver hacia atrás.

Qué aferrados nos volvemos al pasado
y qué lejos vemos el futuro.

Qué ironía la nuestra,
esa de querer avanzar aun viendo
hacia atrás.

Tu recuerdo tan hermoso y tu ausencia
tan castrante.
¿Por qué me enamore de ti si no ibas
a quedarte?

La vida siempre nos da por donde más
duele. ¿Y qué sé yo? Sólo sé que va y
viene, trae y se lleva, pero sólo
una cosa; nunca se queda.

Recordamos el pasado mientras idealizamos
el futuro y el presente se nos va de las manos.
Qué estúpidos somos.

Fiel amiga

Mi vieja amiga volvió.
Dice que ya me hacía falta un
mal de amores,
de esos que te rompen sin
compasión.

Estúpida tu compañía,
por tu culpa a veces quiero
matar la melancolía;
me haces entrar en rabia
porque me recalcas que ya no
tengo su amor.

Tú
alegremente sonríes
porque sabes que me abres la
herida.
Yo lo que menos quiero es
tenerte en mi vida,
pues a causa tuya
dejo al alcohol hundir mi
alegría.

Eres una hija de tu puta madre,
sólo me enseñas a tratar mal
a todo aquel que me acompañe.

Siempre vuelves y mi felicidad
invades;
te hace sentir feliz verme
miserable.

Antes me caías bien,
pero ahora,
ahora, te odio, pues por estar
tú no está a quien quiero.
¿Por qué no vas con alguien más
y le muestras tu presencia más
muerta que una ausencia?

¿Por qué llegas a mí?

Yo sólo su recuerdo quiero dejar
ir.

Dices extrañarme,
porque nadie mejor que
tú sabe amarme.
Es un amor apache,
porque el daño mental
es el que nos invade.

Querida amiga,
lárgate.

Hoy tocó a mi puerta y pide
que le abra.
Soledad,
eres una hija de tu puta madre.

Odio recordar que por aquí
ya no estás.
Hace tiempo que te fuiste
y bastante rato que por aquí no pasas.

Yo no dejo de pensar en aquellas
carcajadas, en el color de tu piel
cuando el atardecer tocaba todo tu ser;
no dejo de pensar en aquellas noches
estrelladas y llenas de nuestros deseos
en cada estrella fugaz que veíamos pasar.

Hoy tengo celos de la Luna,
celos de ella, de cada vez que
tu rostro puede admirar.

Y yo aquí,
sin dejarte de pensar…

Todo lo que decido querer,
de alguna manera, muere.

¿Qué tipo de suerte es la que
cargo entre mis manos?
Que todo lo que toco
lo dejo sin vida alguna.

¿Será que estoy hecha de fuego?
¿Será que hace mucho morí y
voy por ahí, por la vida,
desparramando la muerte?

Cómo duele el
corazón;

cómo duelen tus
besos marcados en
mi piel;

cómo duele mi sonrisa
vacía;

cómo duelen los
recuerdos;

cómo duele el tiempo,
que parece ir lento;

cómo duele todo esto,
que parece no tener
remedio;

cómo duele aparentar
que tú para mí ya
estás muerto;

pero, sobre todo,
duele vivir y llevarte
dentro.

Me quedo con la magia
de tu amor;

me quedo con tu aroma,
tu sabor;

me quedo con todo aquello
que nunca te supe dar;
me quedo con tu sonrisa y
lo que me provocaba tu mirar.

Me quedo con tantas cosas,
y te llevas tantas también,
que nunca las voy a olvidar.

Te llevas el rose de mis
besos,
mis pensamientos más
enfermos.

Te llevas las caricias y todas
aquellas palabras jamás dichas.

Te llevas todo aquello que
nunca a nadie le volveré a
dar.

Te llevas tanto
que me ha quedado un vacío
por llenar.

Me ha quedado demasiada
poesía que debo hacer notar;
me han quedado tus recuerdos,

los cuales no debo tratar de
subrayar.

Me has quedado tú.
Te has marchado,
y yo,
yo no dejo de mirar hacia
atrás.

Primera carta desde que te fuiste

No dejo de pensar en ti.
Te pienso todo el día y siempre te sueño.
Quiero dejar de hacerlo,
eso de estarte soñando cada noche.
Sé que tú ya no estás en mi vida,
pero fuiste parte de ella y te quise
tanto, que olvidarte del todo es un completo reto.
Sigues presente. Recuerdo cada
momento que pasamos juntos,
cada risa, cada beso y cada mirada.
Quisiera volver a vivirlos,
pero volver al pasado no es un estilo de
vida, al menos no para mí.

Todo esto es muy triste porque yo
realmente me enamoré de ti;
fuiste muchas primeras veces. Y por
más que trato de dejar de escribir
sobre ti, no lo logro, no aún, y menos
teniéndote siempre en mi mente.
Y esa, esa es una de las cosas que más
detesto: el llevarte siempre a todos
lados dentro de mí.

Todo a tu lado fue una hermosa mentira.

Sé que en algún momento yo leeré todo esto
y tú serás solamente letras.
Y es aquí donde siempre permanecerás,
porque en mi corazón no será
así.
Gracias por todo,
fue hermoso y doloroso tenerte.

—P.

Un poco de tabaco,
tristeza
y soledad;

un poco de la Luna,
mi música
y mi maldad;

un poco de frío,
tus labios
y mi fea modosidad.

Y si mejor… ¿Hacemos todo
paralelo?
Que el cielo sea negro,
que ya no quede ningún
cuerdo,
que las personas caminen
de cabeza y crean que el
diablo no existe en el
infierno.

Que la poesía sea lo más feo,
que el amor (ahora sí) sea
sólo sexo.

Que no existan más las uniones
de cuerpos,
que Dios castigue a todo
aquel que no ha matado a un
cuervo.

Que no existamos
ni tú,
ni yo.

Que tú me ames
y yo
te odie.

Que mi mirada le pueda pertenecer
a cualquier hombre.

Que por un momento, en un mundo
paralelo,

entiendas lo que se siente amarte y
sientas
que lo único que puedo es odiarte.

¿Cuántos otros labios hemos
besado?
¿Cuántas noches sin amor con
otros hemos pasado?

Juramos olvidarnos,
sin embargo, vamos de la mano
de otras personas mientras nos
vamos pensando.

Que aburrido es el amor sin ti.

Segunda carta desde que te fuiste

Debo dejar de pensarte.

Es todo lo que sé. Porque siempre estoy
pensando en ti, y odio hacerlo
porque tú piensas en alguien más. Preferiría
no pensar nada. Ya no sé
qué hacer porque de verdad duele.
¿Cómo le hago? No sé.
Te quise tanto; me dejaste con todo el amor
entre las manos. Trato
de en otros labios encontrarte, pero no,
no puedo, esos son sólo
besos vacíos. Ningunos labios se comparan
con los tuyos. Te lo juro.
Hasta la fecha sigo deseando tus besos;
extraño tocarte y tomarte de
la mano.
No lo niego: hay días en los que te detesto
y desearía no saber de tu
existencia, pero esos días sólo son momentáneos,
la nostalgia
siempre vuelve.
Y al no poderte dar mi amor físicamente,
te escribo. En cada texto
dejo un poco del amor que no quisiste,
y será así como, poco a poco,
mi amor por ti se acabará. Tal vez algún día te lleguen mis

escritos a tus manos o tal vez no, y si eso pasa,
sentirás todo lo
que en estos escritos yo sentí. Pero tristemente,
para ti, yo ya habré
dejado de sentir todo este amor.
Por eso le pido a todo mundo (menos a ti) que
regrese y sea sólo
para mí.

Y es realmente triste que mientras yo te escribo,
tú lees a alguien más.

Por eso mismo, debo dejar de pensarte.
Pero no te preocupes, que escribiendo sobre ti,
dejándote en cada
texto, voy a borrarte.

—P.

¿Qué hago con todo el amor
que me quedó?

¿Dónde dejo todas las
palabras que mi corazón
nunca le mencionó?

Y con orgullo lo reconozco:
me rompió el corazón.
Me rompió mis ilusiones,
rompió las ganas de querer
estar a su lado,
rompió el amor que le tenía.

No me da vergüenza admitir
que rompieron mi corazón.
Porque un corazón roto
significa que sintió
de verdad.
No todos los días a uno le
rompen el corazón. Y,
de alguna manera, agradezco
que lo hayas roto. Sé que
suena masoquista,
pero
me gustan las cicatrices;
me gusta el hecho de saber
que algo dolió y, a su tiempo,
sanó.
Me gusta sentir,
me gusta saber que, de alguna
manera, vivo.

Me gustó el hecho de que
una misma persona
me hizo sentir amor y, a su vez,
desamor.

Una batalla perdida, pero bien
aprendida.
Y mi corazón,
con otra herida.

Qué triste me siento.
Y realmente me faltan
agallas,
más valor y fuerza
para lograr olvidarme de ti,
para olvidarme de a quien
más he querido.

Me duele partir,
me duele dejarnos ir.

Me sobra todo,
me queda mucho y,
aún con tanto,
me faltas tú.

Lo que nunca fui

Todo lo que ha quedado roto
ha sido causa de nuestras
malas acciones.

Aquí todo está tan bien,
tan roto y tan completo.

Cada pieza lucha contra el
ayer,
cada pedazo quiere volver
a unir tu ser
con mi piel.

Has dejado tu marca en mí;
he olvidado todo aquello que
alguna vez fui.
Antes de ti
no sabía ser feliz, y el día
en que te conocí
todo cambió para mí.

Fuiste para mí lo que yo nunca
fui para ti.

Fuimos amor entre tanta mentira.
Huimos tanto que al final nos
atrapó la monotonía.

Lo que nunca fui para ti
lo era alguien más que no
te quería.

Me he estado bebiendo,
me he estado fumando,
consumiendo, hasta llegar
a ser nada.

Nada hay aquí,
nada quiero ser;
sólo desaparecer,
porque aquí nomás
todo parece oscurecer.

La Luna brilla y yo
ya no me pierdo en ese reflejo.
Me veo al espejo y detesto
todo lo que veo dentro.

Vacío,
sólo vacío.

Me perdí entre tanto sentir.

El tiempo pasa y se
lleva mis días.

La Luna llega y,
¡por Dios!
Qué melancolía.

Ya no quiero recordarte.
¿Por qué tu plan nunca
fue quedarte?

Te marchas porque
desconoces el dolor
de tu ausencia.

Yo escribo
y entre versos
se limpia
mi conciencia.

Anoche me encontré contigo.
Te mirabas tan bien como siempre,
pero
de repente ya no estabas.
Yo te buscaba y no te encontraba.
Tu mirada me hacía falta,
ya nada se iguala.

Anoche, que estaba contigo,
imaginaba que te abrazaba.
Luego despertaba y lloraba,
pues
tú a mi lado no te presentabas.

Tenía mucho que no te miraba.
En aquella carta yo no quedaré
olvidada porque cada palabra
la escribí con el alma.

Anoche fui feliz,
por un momento yo te sentí.
¿Te acuerdas de aquel apodo?
Del que siempre cambiaba tu
modo y con un beso yo arreglaba
todo.

Reaccioné,
luego me cegué.
Tu aroma llegó y mi memoria se
borró.
Borró todo, menos tu nombre,
menos tu aroma, como ese
que te trae de vuelta en octubre.

Anoche platicábamos, me contabas
de tu día, de cómo te trataba allá
la vida.
Me decías que me querías con
tu voz tan tierna y tan fría,
luego sonreías y, de mi mirada,
no te ibas. Yo me quedé ida y
en mis brazos te atrapé,
como solía hacerlo a diario.

Te miraba a los ojos y pensaba
en cuánto te quería,
después
me acerqué a tus labios y besarte
no podía.

Luego desperté
y noté que era una fantasía.
Estúpido sueño,
sólo me hace entrar en
melancolía.

Te recuerdo de mil maneras,
entre tantas ya perdí la
cuenta.

Me embriago en tu honor y
festejo tu olvido que recuerdo
día a día.

Desde tu partida he olvidado
lo que es el roce de unos labios,
el calor de estar cuerpo a cuerpo y,
también, la magia que se siente
al entrelazar las manos con alguien más.

Te recuerdo de mil maneras y de mil
maneras he tratado de borrarte.

¿Qué me hiciste?

¿Tus besos fueron la condena para
en esta vida siempre recordarte?

Mi mente sube y mi cordura cae,
mi imaginación vuela y mis ojos
no parecen enfocar.

Pierdo el sentido,
ya no sé de qué hablar.

Pienso en el futuro, pero, ¡demonios!
¿Ése dónde está?
Cambié la estación, que ya no sé en
dónde se pueda encontrar.

La soledad a veces llega y yo la dejo
pasar. Nos ponemos a platicar
y le digo que la he estado pasando mal.
Se burla de mí y me dice: "Agradece que
tú no tienes la eternidad en tus manos,
te volvería tan loca observar cómo todo
aquello que amas en algún momento
se va".

Me quedo callada y tomo otro trago
para su compañía dejar de anhelar.

Te extrañaré

Extrañaré las risas,
extrañaré todos los momentos
a tu lado y cada uno de nuestros
besos.

Nos extrañaré.

Siempre agradeceré el haberte conocido
y lamentaré el nunca haberte
tenido.
Aunque podría decirte una cosa,
sólo no la olvides nunca: nunca había querido
a alguien de la manera en que te quise.
Y es por eso que siempre te pido que
recuerdes mi amor, porque ese nunca
nadie lo había tenido.

Siempre estuvo en nuestro destino decirnos
adiós y alguien debía irse...
Y aunque yo esté lejos te llevo conmigo,
porque me tienes
y eres tú quien tiene todo mi amor.

Detesto la idea de tener que extrañarte siempre.
Sí,
extrañaré a quien nunca tuve y siempre quise.

¿Cómo dejar ir lo que nunca se tuvo?

Hoy desperté triste.

Extrañaré lo que nunca fuimos y siempre
quisimos ser.

Ahora somos dos personas sin nuestras compañías
que hacen de todo para evitar encontrarse.
Decidimos la ausencia de nuestro amor y
el vacío que no se llenará con alcohol;
decidimos irnos lejos mientras nos llevamos
en el pensamiento y recordamos aquellos
momentos, como cuando aquel abrazo unió
nuestros corazones y el palpitar fue la muestra
de nuestras emociones.

He buscado mil maneras de olvidarte y
en todas termino encontrándote.

He jurado dejar de extrañarte y siempre
termino buscándote para volver a
besarte.

Me he perdido en tu mirada y ahora que
te has marchado todo parece derrumbarse.

Me extrañaré a mí
siendo feliz a tu lado y besando a quien
me ha mostrado lo que es haberse enamorado.

Extrañaré el amor que nunca fue mío, pero,
¡por Dios!, llenaba todos y cada uno de
mis suspiros.

Extrañaré la sensación de paz que tu
compañía me brindaba.

Qué buena jugada del destino:
hacerme querer lo que nunca fue mío.

¡Qué bonito tu amor y qué triste se siente
su vacío!

¡Qué llena mi libreta y qué vacía me siento
porque no estás conmigo!

Te extrañaré
a ti
en mi vida.

Y a pesar de que el destino no estuvo a nuestro
favor, siempre agradeceré haber sentido
tu calor
y a la suerte
que en nosotros hizo el amor.

Adiós, amor mío.
Que Dios esté siempre contigo.

Cuando decidí marcharme

(cuarto capítulo)

La despedida

Te beso por última vez
en mis sueños.

Ahora soy yo quien se
marcha lejos.

Adiós, mi amor.
Nunca olvides cuánto te quiero.

En cada final hay un comienzo nuevo,
nada acaba si siempre
lo ves de la manera correcta.

Somos una infinidad de comienzos nuevos.

Mientras el alma esté tranquila, el corazón palpita,
siempre listo para lo que se venga.
Aquí todo cambio es bienvenido.

¿Quién quisiera quedarse donde ya no
tienen nada que ofrecerle?

Una vez que levantas la cabeza y observas
el bello panorama que hay
por delante ya no te interesa voltear a
ver qué había atrás.

Y aunque a veces los recuerdos son bellos,
no son lugares para quedarse.
Esos hay que dejarlos volar y hacer espacio
para todo lo nuevo que vendrá.

Somos constante evolución, somos capítulos
nuevos, historias nuevas,
pero también somos todo aquello que quedo
atrás. Día a día nos reinventamos
y eso nos permite no ser las personas
que éramos ayer.

Porque siempre somos un comienzo nuevo.

Y llega un momento en el que entiendes
que tocar la misma herida

hace más daño que cuando fue hecha;

que al tiempo hay que darle tiempo; que nada
sana si siempre se le está recordando. La vida
está, pero siempre se va, y uno debe continuar
porque estamos aquí para estar y no dejar de ser.
Porque somos y hay que seguir siendo para que la vida
nos permita seguir sintiendo.

Te sueño y te pienso
mientras pasa el tiempo y
trato de arrancarte de mi pecho.

Quisiera dejarme de lado,
así como lo hiciste conmigo.

Odio pensar en lo que un día fue
y que hoy
todo luzca tan falso.
Parece sólo un engaño.

Desconozco tu rostro
y conozco la esencia de un amor
que ya murió.

A quien le llamaba mi amor,
hoy
le llamo olvido.

El final de siempre.

Andante

Conté las noches que pasé
sin ti.
Olvidé los días en los que no
te veía sonreír.

Por un momento me volví loca
y perdí la noción del tiempo.
Es curioso,
porque cuando dejé de contar
los días de tu ausencia,
dejé de ser una presa.

Con el paso del tiempo también
te volviste parte de mis cosas
olvidadas.
Sucedió el milagro que le
pedía a Dios cada mañana al
despertar.

Me volvió un ser más libre.

Con el paso del tiempo dejaba de
ser yo y día a día era una
persona nueva.

Coseché felicidad en mí.

No niego que el camino fue
difícil,

pero, ¿cómo aprenderemos de
esta vida sin los errores ajenos
y propios?

Me tomó demasiadas
decepciones poner los pies en
la tierra.

Ahora piso nuevos caminos y
siento que el recorrido está
tomando sentido.

Que me pongan trabas,
espinas,
trampas,
vidrios,
cuchillos,
lo que sea.

Si mis pies caminaron
por traiciones,
los creo capaces de
caminar hasta en panteones,
aún con los muertos en vida.

Mis días comienzan con una taza de café,
soledad y tranquilidad.

Extraño la rutina, pero no extraño
sentirme parte de ella.

Las cosas han cambiado mucho por acá,
supongo que eso es bueno.
Mis días los aprovecho cada vez más
y persigo todo aquello que me causa
tranquilidad.

En tiempos de guerra la soledad es
la mejor compañía.

Y te recuerdo, pero no olvido
el ruido de la marea ni la intensidad del viento.

Y vaya que el tiempo avanza,
y yo, después de tanto,
siento que avanzo a su lado.

¿Para qué pensar en lo que quedó atrás?
Si es algo que ya no camina conmigo.

Porque nuca he sido de olvidar,
sino de recordar.

Y te recuerdo mientras te
olvido.

No me esfuerzo y no te
maldigo.

El aire corre y yo sonrío

porque sé que tu recuerdo
cada vez se convierte más
en olvido.

Aun sin nadie queremos
quedarnos.
Decimos y decimos que vamos
a olvidarnos más, sin embargo,
no queremos marcharnos.

¿Escuchas lo mismo que yo?

La tormenta ha llegado.

Pero desde lejos,
aquí todo es más tranquilo.

No trates de seguir mi camino,
te he cerrado el paso.

Y aunque no queramos,
de alguna manera debemos
marcharnos.

Suelta los recuerdos,
es sólo pasado.
Mira al futuro:
tú y yo ya no vamos de
la mano.

Tú di mi nombre y déjalo volar.

Desde hace tiempo tú sabes
que mi esencia jamás podrás
olvidar.

Sé que te ha sido difícil continuar.
¿Qué quieres que yo haga?
No me puedo quedar.

Tus besos son venenosos, sí,
pero otros labios he de besar.

Tuviste tu tiempo,
no lo supiste aprovechar.
Y yo soy de perdonar, mas nunca
de olvidar.

Y vaya que darle tiempo al tiempo
es una de las mejores cosas que uno
puede hacer para curarse a sí mismo.

A veces uno escribe para volar,
en otras ocasiones se escribe para
el tiempo un rato parar,
y, en tristes situaciones, para olvidar…

Comencé a escribir lo que sentía,
dejé la hoja en blanco.

Caminé unos cuantos pasos y
me encontré con sentimientos
jamás plasmados.
Volteé hacia el pasado:
todo está enterrado.

Hoy volteo a todos lados;
un nuevo amor me ha encontrado.
Ahora veo al mundo con unos ojos
que me han atrapado.
Todo parece diferente: el aire es
cálido y la marea muy serena.

Desde aquel día que mis ojos me
encontraron, supe que era a mí
a quien siempre he buscado.

De alguna u otra forma, el tiempo
termina trayendo tu recuerdo a
mi mente.

¿Qué sé yo?
Sólo sé que me fui y que los
recuerdos no los cargué conmigo.

También sé que cada que toco
mi corazón se siente vacío.
Pero he olvidado qué habitaba en él.

No hay herida ni dolor.
Se acabó.

Hay esperanza e ilusión;
las encontré en otro amor.

La Luna cambió y las tazas
de café han disminuido.
Todo es tranquilo y, después de
tanto tiempo, escribo.

Me perdí lejos de casa,
lejos del mar.
Escapé de mi vida para, por un
momento, olvidar.

Y mírame:
se han cerrado mis heridas y se
ha abierto mi corazón.

Hoy escribo a kilómetros y
no me hace falta el amor.

Soy todo aquello que por aquí
ha pasado.

Estoy hecha de pequeñas secuelas
que me han dejado.

Soy un beso robado,
soy la luz cálida de aquel atardecer,
soy amaneceres compartidos
y carcajadas sinceras;
soy el verso de aquella canción
y cenizas de una carta que se esfumó.
Soy todo el amor que he recibido
y también el mismo que doy.
Soy bailecitos tontos y chistes mal contados,
soy consejos y palabras al aire,
soy recuerdos y deseos hechos a las estrellas,
soy pedazos de todo lo que he vivido,
y vaya
que no dejo de ser.

Entre tantas letras ahogué este amor
por ti.
Ahora lo puedo decir: ya no hay más
tú en mí.

Porque siempre hay otras
puertas abiertas.

Porque un ciclo nuevo no comienza
si el anterior no se cierra.

La vida continúa
y es una perra porque
a nadie espera.

Mis letras son una trampa
y mis miradas una tregua.

Estoy de pie entre tanta
incertidumbre;
estoy bailando y sonriendo,
como de costumbre.

Me fui lejos
y a mi amor le demuestro que no
necesito que me siga su reflejo.

La otra noche vi una estrella fugaz pasar
y me acordé de tu insistencia para que yo, siempre
que mirara una,
pidiera un deseo.
Recuerdo que mi deseo siempre eras tú.
Y esa misma noche, en la que vi una estrella fugaz
después de tanto
tiempo, me di cuenta de que me olvidé de ti.
Lo que antes era deseo para mí,
hoy se convirtió en olvido.

Y al final de todo no importa
cuánto haya llorado,
cuánto haya sufrido.

No importan las noches que
pasé sin dormir ni los días
en que todo me parecía gris.

Al final de todo no importa
por lo que haya pasado.

Lo que importa es lo que vino
después…
Lo que hice para acabar con eso. Y
creo que hice bien porque
ahora la vida me sonríe.
Y al final de todo,
eso es lo que importa.

Y es que de eso se trata la vida: del riesgo.
De ir tras el riesgo que hay.
De abrir una puerta aun sin saber qué habrá detrás,
de besar sin saber qué sentimiento encontrarás, de
terminar algo
aún sin tener en cuenta qué es lo que está por comenzar.

De eso se trata la vida: de arriesgarse y vivir.

¿Qué sería de la vida sin el riesgo?

Fuiste el adiós que nunca quise decir,
pero que siempre se vio venir.

La tregua

Nunca olvido cuando alguien me aconseja.
Nunca olvido un suspiro y mucho menos una mirada.
Voy caminando mientras en mis pensamientos viajo.
Estoy viva y gracias a los días cada vez sanan más mis
heridas.
Cuento las cicatrices que me ha hecho la vida y creo que
son más las veces en las que yo he lanzado la bala.
He cambiado mis pasos en el camino y te juro que me
gusta lo desconocido. Estoy recorriendo la ciudad y,
¿sabes qué es lo más hermoso? Que nada me recuerda a ti.
Extraño ver cómo el Sol se oculta bajo el mar, pero me
gusta de aquí que el atardecer no lleva nombre ni mirada.
He cambiado la estación y la estación me cambió a mí.
Esa fue la tregua.